AF393135

FSC
www.fsc.org
MIX
Papier aus ver-
antwortungsvollen
Quellen
Paper from
responsible sources
FSC® C105338

„Geschrieben für alle Leidenden
und die es noch werden wollen.“

Ladener

„Das Leben ist eine Krankheit,
welche mit dem Leben beginnt
und mit dem Tode endet.“

„Freude entspringt nicht selten
lediglich durch den Mangel an
spezifischen Informationen...!"

Dennis Hans Ladener

PAIN

Wer bitte hat behauptet das Leben sei schön?

Freidenker

1. Auflage
© 2022 Dennis Hans Ladener
(dladener@googlemail.com)

Herstellung und Verlag: BoD – Books on Demand, Norderstedt.

ISBN: 9783756833207

!Warnung!

Dieses Buch enthält Informationen, welche die meisten von meinen Mitmenschen, in solch einem Umfang, wohl noch nie zuvor erhalten haben. Eventuell könnte es sogar möglich sein, dass Ihr bis jetzt gewohntes Weltbild während des Prozess des Lesens ein Stück weit aus den Fugen gerät!

Sollten Sie sich also zunächst etwas schwer damit tun, diese Masse an neu erhaltenen Informationen zu akzeptieren, kann ich Ihnen von Herzen versichern, dass dies nicht Ihre persönliche Schuld oder Unfähigkeit darstellt, sondern vielmehr die logische Konsequenz des bestehenden Systems!

„Wir Menschen werden bereits von Geburt an durch das System mit voller Absicht so dumm und simpel wie möglich "ERZOGEN!"

„Selbstständige, sowie kritische bzw. freidenkerische Gedankengänge innerhalb der breiten Bevölkerung, sind seitens der Eliten vollkommen <u>unerwünscht!</u>“

Aus diesem Grund wird über die in diesem Buch vermittelten Thematiken auch weder in den **Mainstream-Medien,** geschweige denn in den **"Bildungseinrichtungen"** ausführlich genug gesprochen. Hinzu kommt noch, dass dieses, zugegebenermaßen etwas **exotisch angehauchte Wissen,** heutzutage generell nicht mehr bei besonders vielen Menschen bekannt ist.

Ich möchte nun versuchen, Ihnen dabei zu helfen, ein Stück weit aus Ihren gewohnten Strukturen auszubrechen. Ich bitte Sie daher, sehr geduldig mit diesem Werk umzugehen und erst nach Beendigung, ein schlussendliches Urteil zu Fällen.

Vielen Dank für ihr Verständnis. :)

Dennis Hans Ladener

Der am 11.05.1990 in Köln geborene Freigeist, Dennis Hans Ladener, ist ein junger aufstrebender deutscher **Philosoph, Freidenker, sowie System- und Gesellschaftskritiker,** welcher sich seinen Weg hin zu der hohen Kunst des Denkens, beginnend  als einfacher Wachmann, unaufhaltsam gleich einem Bulldozer immer weiter konsequent geebnet hat.

Rund drei Dutzend internationale Veröffentlichungen gehen seit dem Beginn seiner Laufbahn als Philosoph Anfang des Jahres 2011 auf sein Konto.

„Mit 21 Jahren verliebte ich mich endgültig in die Philosophie und schließlich auch in die Gedankenwelt **Arthur Schopenhauers...**

Es war ein langer, einsamer, sowie steiniger Weg, doch bereut habe ich es nie ihn tatsächlich gegangen zu sein!"

Sein persönlicher Antrieb liegt darin verborgen, äußerst komplexe und nur schwer zu verstehende philosophische, sowie Gesellschafts / Systemkritische Themen so simpel und anschaulich wie möglich, der breiten Bevölkerung zugänglich zu machen.

In der Tat, kein leichtes Unterfangen... **Doch eines, welches sich definitiv lohnt!**

Inhaltsangabe

Vorwort

Ich persönlich vertrete die Auffassung, dass wir uns als Bürger des bekannten Landes der "Dichter und Denker", heutzutage viel zu wenig, und wenn überhaupt, dann zumeist doch wohl recht unbedacht, mit **"dem Schmerz und dem Leid"** auseinandersetzen, welches das Leben, hineingeboren in das **-Dasein-,** innerhalb dieser Welt und des durch **-übler Menschenhand-** hervorgebrachten, sich gegen die eigene Bevölkerung richtenden Systems unausweichlich hervorbringt."

Allzu negative Gedanken scheinen jedoch innerhalb unserer Gesellschaft allgemein nicht sonderlich wünschenswert zu sein und werden relativ schnell von der Mehrheit als äußerst **-störend und belästigend-** empfunden.

"Das Leben ist schön..."
und
"Alles ist gut oder wird schon wieder gut..."

"Wir können doch froh sein, dass wir
überhaupt in Deutschland leben...",

scheint gleichsam eines **"Mantras",** stets
das grundlegendste, alles Begleitende
Lebensmotto der allermeisten Menschen
innerhalb ihres Alltages in Deutschland zu
sein!

Das nenne ich doch mal einen
"(un)gesunden" Optimismus...

Ein vermeintlich ehrlich gemeintes
"na du, wie geht es dir?"
entpuppt sich doch in den meisten aller Fälle
bereits sehr schnell "als das, was es ist",
nämlich eine reine **-Höflichkeitsfloskel-**
seines jeweiligen Gegenübers!

Fast alle scheinen dabei bereits so sehr
mit sich selbst oder dem verdrängen der
gegebenenfalls eigenen, sicherlich auch
vorhandenen Problemen beschäftigt zu sein,
das sie bereits schon keinerlei tatsächlichen
Raum mehr zur Verfügung stehen haben, um
sich parallel ebenfalls auch noch wahrhaftig
auf die Gefühlswelt eines anderen einlassen
zu können oder zu wollen...

**"Tiefgreifende Depressionen und
Burnout-Syndrom"** häufen sich in unserer
vermeintlich ach so modernen Zeit nicht
grundlos immer mehr, stellen aber zugleich
lediglich nur ein paar der ersichtlichen
-Symptomatiken- einer vielschichtigen
-Krankheit- dar, welche wir schlichtweg
"das Leben" nennen.

Eine Erkrankung, deren Krankheitsbild
auch so sicherlich bereits schon mehr
als hart genug verlaufen kann und stets
unaufhaltsam mit dem eigenen Tode
endet, aber nun auch noch durch das
ununterbrochene maßgebliche einwirken
zahlreicher parasitärer elitärer Lebensformen
zusätzlich, um ein vielfaches negativ
verstärkt wird!

Anstatt sich jedoch selbst einfach
einzugestehen, wie sehr man im Grunde
unter dem Druck des eigenen Daseins
innerhalb dieser Welt sowie des sich
tagtäglich wiederholenden Hamsterrades
tatsächlich leidet, legen wir stattdessen
gleich wieder unsere gesellschaftlich
geforderte, stets lächelnde Gesichtsmaske

an und machen bis zum bitteren Ende weiter
wie gehabt...

Nur dann, wenn wir es allesamt schaffen
damit aufzuhören uns selbst zu belügen und
auch einmal den Ehrgeiz dazu aufbringen
würden, den sicherlich vorhandenen tief
verborgenen Kummer und Schmerz des
Daseins, ebenfalls innerhalb der Gesichter
unserer Mitmenschen links und rechts von
uns zu erblicken, erscheint es mir persönlich
als durchaus realistisch möglich, wahrhaftig
gemeinschaftlich etwas an diesem, bereits
schon viel zu lange anhaltenden, Umstand
maßgeblich verändern zu können!

Einleitung

Schätzungsweise ein Drittel unserer eigenen Gesellschaft erscheint mir **geistig vollkommen unfähig** dazu zu sein, das durch das Leben selbst gleichsam hervorgebrachte Leiden überhaupt auch nur im Ansatz wahrnehmen oder begreifen zu können.

Das andere Drittel beherrscht diese Fähigkeit theoretisch zwar durchaus, versucht aber jederzeit alles erdenklich Mögliche, um diese Erkenntnis durch ein nicht selten systematisch konstruiertes Netz an **"Ablenkungen, sowie Verleugnungen"** gnadenlos zu unterdrücken, um es auf die Art schlussendlich zu versiegeln.

Das letzte Drittel wiederum erkennt **"das Leiden des Daseins"** ohne es dabei augenblicklich wieder zu verdrängen, sie scheinen gar etwas Vergleichbares wie eine Symbiose mit dem Leid höchstpersönlich eingehen zu wollen, eine wohl ganz besondere Art einer romantischen **"Leidensbeziehung"**, wenn man es denn so formulieren mag.

Ein für den Rest der Gesellschaft sicherlich
extrem exotisch und zugleich unangenehm
anmutender Personenkreis, zu welchen aber
schließlich auch ich selbst mich mit ruhigen
Gewissen dazugehörig zählen würde!

Erscheint es dabei lediglich nur mir so, als
sei es vergleichbar wie mit dem **"Thema
des Todes",** sowieso ein stetiges allgemein
herrschendes Tabu, wenn jemand auch nur
"allzu laut und deutlich" auf all die
schrecklichen negativen Aspekte unserer
Welt hindeutet?

*Die einen wohlmöglich zu Blind,
die anderen zu schwach und zu feige dafür,
das Düstere tatsächlich anzuerkennen...!*

Doch wohin soll unsere Reise nur führen
und woher der Wandel der Menschheit denn
rühren, wenn diejenigen, welche sich mit
dem Elend am besten auszukennen scheinen,
weder tatsächliches Gehör noch allgemeinen
Anklang erhalten?

Um unsere aller Existenz gegebenenfalls
vielleicht doch etwas positiver gestalten
zu können, müssen wir uns allesamt
gleichermaßen dazu bereit erklären, unseren
Geist nicht noch länger vor dem Leid dieser
Welt zu verschließen, ganz im Gegenteil
sogar sollten wir alle unsere Poren dazu
öffnen, um uns von dem facettenreichen
Elend des Daseins vollständig durchströmen
zu lassen!

Kann es denn jedoch den wahren Frieden und eine Welt vollkommen ohne Leid überhaupt geben?

Ich glaube diesbezüglich zumindest immer
mehr, das (wenn überhaupt) nur die
Menschen, welche selbst bereits sehr
großen Schmerz erfahren und
wahrgenommen haben, einander eventuell
wahrhaftig verstehen und akzeptieren
können!

Denn erst durch den gemeinsamen Faktor
des Leidens lernen wir Menschen
anscheinend einander wahrhaftig zu
verstehen. Schlecht nur, wenn wir das

Leid immer wieder nach nur wenigen
Generationen auch bereits schon wieder
vergessen bzw. verdrängt zu haben
scheinen...

„So viele Freuden hat die Natur gar
nicht zu vergeben, als sie Schmerzen
zu unsrer Verfügung hält."
Emanuel Wertheimer (1846 - 1916),
deutsch-österreichischer Philosoph und
Aphoristiker

Die Unwissenden

*(Wohlhabende,
vermeintlich Intellektuelle,
Naive und Dumme)*

**Was das Auge nicht sieht,
tut dem Herzen nicht weh.**

Zu den **"Unwissenden"** zähle ich persönlich
den gesamten Anteil unserer heutigen
Gesellschaft, welcher sich in meinen Augen
als vollkommen dazu ungeeignet erwiesen
hat, sich auch nur im entferntesten Ansatz,
tatsächlich mit dem Elend unserer Welt auf
irgendeine Art und Weise auseinander
setzen zu können oder zu wollen.

*Jedoch kann man diese Art von Menschen,
obwohl sie ja solch eine prägnante
Gemeinsamkeit aufzuweisen scheinen,
nicht ebenso einfach einheitlich
klassifizieren!*

Allerdings sind es wohl zumeist Personen,
welche bereits von ihrer Geburt an
vollkommen wohlbehütet innerhalb ihrer
eigenen kleinen **"künstlichen Blase"** vor

fast allen negativen Dingen des Daseins
-abgeschirmt- aufwachsen durften, weil sie
rein zufälligerweise das persönliche Glück
innehatten, innerhalb einer der
wohlhabenderen Familien Deutschlands
hineingeboren geworden zu sein.

Natürlich gibt es auch hierbei immer
wieder Ausnahmen, doch scheint es dem
mehrheitlichen Anteil der **"Oberen
Mittelschicht, Oberschicht und
sogenannten Neureichen",** umringt von
ihrem eigenen Immensen Wohlstand stets
sichtbar schwer zu fallen, das tatsächliche
schreckliche Wesen der Welt hinter dem
-Goldenen Tellerrand- zu erblicken,
geschweige denn zu verstehen.

Dadurch, das dieser Anteil unserer
Gesellschaft (eventuell abgesehen von der
Neureichen-Gesellschaft) nicht selten aus
irgendwelchen **"Akademikerfamilien"**
entstammen und auch deren
Nachkommenschaft zumeist in der Regel
vergleichbare Pfade folgen werden, sind
diese Menschen aufgrund ihrer eigenen
vermeintlichen intellektuellen Überlegenheit

leider zu **"Systemlingen par excellence"**
mutiert.

Dadurch, das sie sich selbst nämlich zu der
gebildeten Elite dieser Welt dazugehörig
fühlen, erachten sie es als mehr als lediglich
nur unwahrscheinlich, dass das System, in
welchem wir allesamt gemeinschaftlich
hineingeboren wurden und ihnen selbst bis
dato vermeintlich stets nur positiv gesinnt
gewesen zu sein scheint, uns allen in
Wahrheit gegenüber absolut feindlich
eingestellt ist…!

**"Den einen etwas mehr,
den anderen etwas weniger."**

Aufgrund ihrer extrem überheblichen
Natur, sowie ihrer unzureichenden
Selbsteinschätzung, verfallen sie
schlussendlich einem fatalen **"Trügerischen
Gefühl der Sicherheit"** und fangen das
Konstrukt, welches sie ihrem Empfinden
nach groß und wohlhabend werden lassen
hatte, unbewusst an, auf die eine oder andere
Weise zu beschützen!

Ausgeprägtes "Stockholm-Syndrom"…
25

Ein doch wohl durchaus recht fataler
Umstand, welcher effektiv dazu beiträgt, das
es einem nicht zu unterschätzenden Anteil
unserer wohlhabenden Mitmenschen,
solange es ihnen selbst noch gut genug zu
gehen scheint, überhaupt nicht richtig
bewusst werden kann, wie sehr doch alle
anderen Menschen unter all dem
"Systembedingten-Schwachsinn" leiden,
welchen sie so zwanghaft verteidigen...

Es sind jedoch nicht nur allein die potenziell
im Wohlstand lebenden und vermeintlich
privilegierteren Personen, welche
anscheinend vollkommen blind für die
wahre Natur der Dinge zu sein scheinen,
sondern vor allem auch all die allzu
"gutmütigen Naivlinge" und eindeutig
etwas dümmlicher geratenen mitlebenden
Menschen unter uns.

Sowohl **"Naivität als auch Dummheit"**
liegen oftmals sehr nah beieinander, was
denke ich an dem gemeinsamen Faktor
mangelnder Informationen, einer gesunden
Selbstreflektion und allgemeine relevante
Erfahrungs-, sowie Vergleichswerten
zugrunde liegt!

Kann und sollten wir einen naiven dummen
Menschen jedoch dafür verurteilen, das er
naiv und dumm ist? **Wohl kaum...**

Doch...,

...wenn der Dumme genauso dumm und der
naive genauso naiv bleibt wie die
wohlhabenden selbstverliebt, selbstgerecht,
überheblich, egoistisch und arrogant bleiben,
dann liegt unser wahres Schicksal als
Spezies Mensch wohl auch noch für
zahlreiche zukünftige Generationen
weiterhin tief im Dunkeln verborgen!

**"Jedes Volk kann sich nur eine
beschränkte Anzahl von Dummen
leisten, die nichts sehen, nichts hören
und trotzdem alles besser wissen."**
-Ernst R. Hauschka

Die Leugnenden

*(Schwache, desinteressierte,
egoistische Feiglinge)*

**"Es ist die Freude, welche die Seelen
adelt! Glaubst nicht auch der
Schmerz, der große Schmerz?
Ja, wenn man über ihn fortkommt."**
-Henrik Ibsen

Als **"die Leugnenden"** definiere ich
zumeist den Kreis an Personen, welche
sowohl theoretisch, als auch praktisch
gesehen, wahrscheinlich bereits von
Geburt an, ein durchaus **"vollkommen
ausreichendes Grundgerüst"** zur
Verfügung gestellt bekommen haben,
diese Welt mit "völlig klarem Verstande
und wachen Augen" betrachten zu können,
es jedoch aufgrund der Tatsache, dass sie
selbst zu **"schwach, feige, egoistisch oder
zu desinteressiert"** sind, ablehnen dies
tatsächlich auch zu tun...!

Anders als zuvor bei den Unwissenden, wo
man zumindest in einzelnen Fällen

(dumme, Naive) meiner Meinung nach noch durchaus von einer Verurteilung absehen kann **"und es auch sollte",** fällt es mir bei "den Leugnenden" jedoch deutlich schwerer das ganze einfach so stillschweigend hinnehmen zu müssen.

Der Anteil derer in Deutschland, welcher tatsächlich noch dazu imstande ist, den durch das Leben verursachte Schmerz und das grenzenlose Leid begreifen zu können, scheint mir prozentual nicht so stark ausgeprägt zu sein...

"...das wir dadurch folglich, wenn wir bereits schon auf **-die Unwissenden-** unter uns nicht zählen sollten, wir (für unser aller zukünftiges wohl) nicht ebenfalls auch noch auf die eigentlich, zwar Wissenden, aber permanent nur **-Leugnenden-** verzichten können." :(

Desto ein größerer Teil innerhalb unserer Gesellschaft das bestehende Dasein, das Dasein innerhalb des bereits schon viel zu lange andauernden "kräftezehrenden Systems", **"hingebungsvoll, bedingungslos"** oder **"stillschweigend**

wissend" einfach so hinnimmt und akzeptiert, umso gleichermaßen schwerer wird es für **-die Erkennenden-** und darunter folglich wahrhaftig Leidenden, gegen das Leid selbst, auch nur im Ansatz noch tatsächlich etwas Positives ausrichten zu können!

"Der Leugnende" befindet sich hierbei Tag ein Tag aus innerhalb einer für mich durchaus nachvollziehbaren verzwickten Situation voller für ihn wahrscheinlich selbst sichtbar erkennbarer Widersprüche innerhalb seiner Umwelt!

Mit der Mutmaßung, das es sicherlich nicht wenigen der Leugnenden lediglich am "nicht vorhandenen Ehrgeiz und fehlendem Mumm" mangelt, **-trotz-** potentiell besseren Wissens, gegen den allgemein anerkannten und bereits schon etablierten Strom anschwimmen zu wollen, liege ich wahrscheinlich nicht ganz so falsch...

Es ist aber auch zugegebenermaßen nicht für jeden so leicht dem Rest der Welt mutig entgegenzutreten und ihnen etwas von irgendwelchen, für uns allesamt schädlichen

Gespenstern, zu berichten, von dessen
Existenz, den meisten da draußen jedoch
noch nicht einmal auch nur im Ansatz etwas
bewusst zu sein scheint!

Wenn man es sich erst einmal innerhalb
seiner eigenen persönlich eingerichteten
-Komfortzone- so richtig gemütlich
gemacht zu haben scheint, **"fällt es einem
Sekunde für Sekunde stetig immer
schwerer und schwerer, diese auch
jemals nochmals wieder zu verlassen...!"**

Es ist ein ständig zwischen zwei Stühlen
stehender, alles zerreißender, **-innerlicher
Konflikt-,** aus dem sich eingestehen
"der eigenen tief vergrabenen Erfahrungen,
der persönlichen bewussten Wahrnehmung
seiner Außenwelt" und dem sich auch
weiterhin noch der sicheren mehrheitliche
Bevölkerung dazugehörig fühlen zu können!

Insbesondere dann, wenn ein Leugnender
sich seit seiner Kindheit an stets zu den
beliebten Menschen dazugehörig fühlen
durfte und er durch diesen Umstand stets
viele vermeintliche Freundschaften knüpfen
konnte, Freunde, mit welchen man in der

Jugend dann schließlich all die möglichen Dinge machte, die nun einmal alle angesagte junge Menschen taten und er sich nach der Schulzeit auch noch halbwegs erfolgreich innerhalb des Berufslebens etablieren konnte, wird es für diesen Menschen immer **-konfliktreicher- "seine Gabe des Sehens anzuerkennen und die Leugnung beginnt!"**

Warum sollte man auch sein persönliches Augenmerk auf **"Negativfaktoren"** innerhalb der Welt richten, von denen man selbst überhaupt nicht tatsächlich betroffen zu sein scheint, nur weil man sie wahrnimmt?

Warum sollte ich mir meine bereits zur Verfügung stehende **"gute Position"** innerhalb der Gesellschaft dadurch selbst verschlechtern, indem ich von dem **-vergebenen Pfad des anerkannten Mainstreams-** allzu arg negativ abweiche, um mich gegen Sachen auszusprechen, welche schließlich von der deutlichen Mehrheit als **"absolut gut und richtig"** angenommen wird, "wenn es doch

gleichsam so viel leichter erscheint seine
Augen stattdessen ganz einfach
-feste zu verschließen- und das
gesellschaftliche Schauspiel mit zu spielen?"

**Seien wir doch ehrlich zu uns, so denken
wohl leider tatsächlich die vielen...!**

Ein Glück, das der Mensch sich durchaus
-wandeln- kann, denn so gelingt es immer
wieder vereinzelt, das manch ein zuvor noch
"Leugnender" **"aufgrund irgendeines
bestimmten, nicht zu verallgemeinern,
spezifischen Auslösers",** plötzlich all
seinen Mumm zusammenreißt und
schließlich doch noch mutig seinem
eigentlichen Schicksal **-als Leidender-**
entgegen galoppiert...

Die Leidenden

(Menschliche Empathen)

**Die Kraft, die am häufigsten pro Sekunde
die Erde umkreist, ist nicht etwa die
Liebe, sondern der Schmerz!**

"Die Leidenden", zu welchen auch ich
selbst mich dazugehörig zählen würde,
gehören zu dem mit Abstand weit
unterlegenen Anteil Deutschlands, welche
bereits (aus den unterschiedlichsten
Gründen) solchermaßen einen Blick weit
**"hinter den Vorhang der scheinheilig
heilen Welt"** erhalten konnten, das sie
diesen, aus der wachsenden -Sehnsucht-
der wahren Erkenntnis heraus, immer noch
ein Stück weit mehr versuchten herunter zu
reißen, bis er schließlich eines schönen
Tages schlussendlich endlich zu Boden
gerissen vor ihren Füßen lag!

**"Der Leidende erkennt die fatalen
Missstände der Existenz selbst an"**
und begreift, zumeist schon recht früh,
-instinktiv-, das mit dieser Welt, unserer
eigenen Gesellschaft und dem bestehenden

-System-, welches unser alltägliches Leben
nachweislich "vom Beginn an bis hin zu
unserem eigenen Tode", maßgeblich taktet
und beeinflusst, -grundlegend- etwas
gewaltig nicht in Ordnung erscheint...

Sie nehmen diesen Umstand mit solch einer
Klarheit wahr, das selbst, wenn sie es denn
überhaupt jemals von Herzen wollten,
"ein Leugnen dieser Erkenntnis als -unter
keinerlei Umständen- mehr möglich für sie
erscheint!"

Der Drang nach dem Erstreben des Wahren
beschützt sie bis zu einem hohen Maße
davor, ebenfalls dem mehrheitlich weit
verbreiteten **"Dornröschenschlaf"** zu
erliegen, wie der Rest der Gesellschaft.

Es ist gleichsam eines pulsierenden Splitters
innerhalb ihres Verstandes, "welcher sie
immer wieder an ihre ihnen angeborene
Verpflichtung als Mensch erinnert",
sämtliche von ihnen wahrgenommene
weltlich auftretende Ereignisse zunächst
einmal stetig **"anzuzweifeln"**, sowie zu
"hinterfragen" und es sich dadurch selbst
zu erlauben, eine vollkommen

-eigenständige Meinung- zu bilden.

Obwohl "die Leidenden" sich ebenfalls nicht ganz so leicht einheitlich klassifizieren lassen, können wir dennoch einige vermutliche parallelen untereinander herauskristallisieren, welche uns zumindest ein paar Indizien dazu liefern, weshalb sich "ihre Wahrnehmung des Ganzen" solchermaßen von denen der anderen zu unterscheiden scheint...

Meiner persönlichen Erfahrung nach sind es wahrscheinlich insbesondere "introvertierte", also eher mehr -nach innen gerichtete Personen-, welche bereits im Kindergarten, während die anderen laut kreischend um sie herum am Toben waren, "lieber aus sicherer Entfernung das Schauspiel stillschweigend beobachtet haben und sich fragten, was dieser ganze Zirkus eigentlich überhaupt soll."

Es ist meines Empfinden nach unglaublich wichtig, sich einerseits mit sich selbst und andererseits aber auch ebenfalls gleichermaßen mit der Welt, in welcher wir als Mensch existieren, homogen

auseinanderzusetzen, dem mehrheitlichen
Teil unserer Bevölkerung scheint jedoch
keines von beiden so recht gelingen zu
wollen, wie es für einen Menschen
eigentlich theoretisch möglich sein sollte!

"Anstatt sich also tatsächlich tiefgründig
mit sich selbst und der Welt, in welcher sie
leben zu befassen, beschäftigen sie sich
stattdessen lediglich hauptsächlich
oberflächlich allein nur mit ihren Egos
und ihren nicht selten rein materiell
ausgerichteten Sehnsüchten und Trieben",
welche sie anstelle -des Daseins selbst-
anhaltend innerhalb der Welt erblicken,
"ohne es dabei überhaupt selbst wirklich
zu bemerken..."

Ich denke, das der Leidende insbesondere
innerhalb seiner gesamten "Kindheit und
Jugendzeit", ganz gleich ob bewusst gewollt
oder ungewollt, bereits wesentlich mehr Zeit
auf ganz andere **-geistige-** Schwerpunkte
gelegt und ein vielfaches mehr an Energie
darin investiert hat, "all die noch weiteren
verborgenen Pfade -links und rechts- neben
des hauptsächlich von den Menschen
begangenen Weges zu durchforsten!"

Die Mehrheit derer wird sicherlich zudem
auch aufgrund -ihrer selten vertretenen
Natur- ein oftmals recht "einzelgängerisches
Dasein" gefristet haben müssen, sei es, weil
keiner der Gleichaltrigen etwas mit ihnen zu
tun haben wollte oder umgekehrt...

**"Umso weit fortgeschrittener man
schließlich selbst bereits schon zu sein
scheint, desto seltsamer wirkt man
sicherlich auf Menschen, welche wohl
doch noch ein Weilchen brauchen
werden!"** ;)

Durch diesen Umstand konnten Leidende
bereits wesentlich mehr Zeit mit sich selbst
verbringen und haben sich um ein vielfaches
mehr an Gedanken über Thematiken machen
können, auf welche die anderen überhaupt
erst einmal kommen müssten.

Menschen, die tatsächlich verrückt genug
sind daran zu glauben, das sie selbst es
wären, welche die Welt vielleicht ein Stück
weit ins Positive verändern können, sind
schließlich diejenigen, die es schlussendlich
auch tun werden!

"Leidende verspüren jedoch leider nicht selten das Gefühl, auf dem falschen Planeten oder zu einer falschen Zeit geboren worden zu sein", sie fühlen sich -nicht- tatsächlich zu dem Rest der Gesellschaft dazugehörig und könnten darauf wetten, "in Wahrheit vermutlich einer ganz anderen Art an Spezies angehörig zu sein", vielmehr erachten sie sich wohl selbst als -außenstehende Beobachter- der Menschheit.

"Ein Leidender zu sein scheint kein Weg, welchen man sich bewusst aussuchen oder gar verneinen könnte", es gleicht vielmehr so etwas, wie einer nicht ablegbaren **-Bestimmung-**, welche einem unwiderruflich oftmals begleitet von einem **"rebellischen Charakter"**, aber auch immer wieder kehrende **"Depressionen"**, sowie **"Selbstzweifel"** und einem stark ausgeprägten -empathischen Gespür- für "Leben, Umwelt und Gerechtigkeit" mit auf den Weg gegeben wurde!

"Der Leidende achtet nicht nur stets auf sich selbst oder seinen engsten persönlichen Kreis, sondern er -erkennt und anerkennt-

das schmerzliche Elend allen leidenden
Lebens gleichermaßen, auch als das Leiden
seiner selbst an!" Nicht verwunderlich also,
das es vermutlich anteilig nicht wenige von
ihnen gibt, welche sich im Laufe der Zeit
dann doch lieber für eine "Vegetarische/
Vegane" Art zu leben entschieden haben.

Wie bereits zuvor am Ende des Abschnittes
über die von mir so benannten
"Leugnenden" erläutert wurde,
kann es unter "den Leidenden" durchaus
zu einigen -Spätzündern- kommen, welche
ihren Platz erst ein paar wenige oder
reichlich viele Jahre später in ihren Reihen
entdeckten, als es einst ursprünglich
wahrscheinlich vorhergesehen gewesen
war...!

Was genau meine ich mit "dem Leiden"?

"Wer je in das Auge eines leidenden oder sterbenden Tieres geblickt hat, fühlt das Verwandtschaftliche alles Leidens und aller Qual dieser Erde."
-Rudolf Presber (1868 - 1935), deutscher Journalist, Dichter, Dramatiker, Romancier und Erzähler

Jeder einzelne von uns stellt nur eines einer unschätzbaren Anzahl variantenreicher Lebensformen hier auf Erden dar, von welchen wir Menschen jedoch, zumindest was unseren Verstand betrifft, als am Einzigartigsten herauszustechen scheinen.

Doch, was bitte geschieht unvermeidlich mit solch einem hochkomplexen Lebewesen wie wir es nun einmal verkörpern, nachdem wir uns technologisch bereits soweit entwickeln konnten, das wir den hauptsächlichen Anteil unseres Tages nun nicht mehr bloß größtenteils damit beschäftigt sind, um unser

aller nacktes Überleben kämpfen zu
müssen?

Ein solch potenziell intellektuell begabtes
Wesen wie wir, "milliardenfach
gemeinschaftlich gefangen", an ein und
demselben identischen Ort, von welchem
wir vermutlich, "wenn überhaupt jemals",
nur äußerst schwerlich entfliehen könnten.

Als der moderne Mensch jedoch noch nicht
so weit fortgeschritten war wie heutzutage
und hinter jeder Ecke bereits auch schon der
Tod zu lauern schien, bedarf es noch
wesentlich mehr Zusammenhalt und
Teamarbeit der einzelnen Personen
untereinander, da der allgemeine
Tagesablauf ständig davon geprägt wurde,
bestmöglich das Überleben der gesamten
Gemeinschaft zu gewährleisten...,

..."da nur der Fortbestand des
Zusammenhaltes der gesamten Gruppe"
überhaupt erst dazu imstande war, die
Gemeinschaft selbst schlussendlich zu
beschützen...

**Im Alleingang erwartete einen selbst
lediglich der schnelle und oftmals
grausame Tod!**

Während man also früher einmal das
Bewusstsein über die eigene zerbrechliche
Sterblichkeit und die wahre grausame, dem
Dasein zugrundeliegenden Natur der Welt,
ständig unausweichlich vor Augen geführt
bekam, geht es doch heutzutage bei uns
"modernen" Menschen vielmehr nur darum,
unendlich viel Mühen dafür aufzubringen,
uns tagtäglich selbst das genaue Gegenteil
von dieser tiefgreifenden Wahrheit zu
beweisen, dass...

**"das Leben doch wohl besser etwas sei,
was eben nicht sei!"**

Kein Wunder also, das es zum
"Nationalsport" geworden zu sein scheint,
unsere beider Augen ganz fest vor dieser
erdrückenden Ansicht für immer
verschließen zu wollen.

Fast alles, was unsere, ach so
fortschrittliche, moderne Zivilisation, bis
zum heutigen Tage hervorgebracht und im

allgemeinen auch augenscheinlich angenommen hat, zeigt mir persönlich lediglich trotz seines ganzen vermeintlichen "Facettenreichtums", das wir uns, anscheinend aufgrund einer Art "tiefsitzenden innerlichen Furcht", lediglich vor den wahren schrecklichen Gegebenheiten der Existenz mit allerlei erdenklichen geistlosen Schwachsinn **-abzulenken-** versuchen.

Doch daran zu glauben, einem noch jungen Menschen, welcher sich beispielsweise mitten in einem Krieg wahrhaftig von Tod und Elend umgeben sieht, trotz allem noch immer einreden zu müssen, wie froh und dankbar er und seine Kameraden doch im Grunde auch weiterhin darüber sein sollten, einst überhaupt geboren worden zu sein, finde ich ebenso wenig -sinnvoll und erfolgswahrscheinlich-, als wenn ich **"klein Elisabeth und klein Konstantin aus gutem Hause" mit ihren IPhones in der Hand versuchen würde zu erklären, wie kräftezehrend es doch ist, innerhalb dieser grausamen düsteren Welt auch nur noch einen weiteren Tag weiterhin existieren zu müssen...**

Wer erst einmal die dunkle Rückseite des
vermeintlich ach so schönen tollen Daseins
bewundern konnte, der wird kaum bis gar
nicht mehr zurück in den fantasievollen
Irrglauben von einer "schönen tollen heilen
lila Laune Welt" geraten, in welcher es sich
als Mensch tatsächlich noch lohnt, sich auch
zukünftig weiterhin fleißig zu vermehren!

Der Mensch, ein vielleicht doch etwas
allzu komplexes Wesen, innerhalb "im
Verhältnis" einer für uns mittlerweile
augenscheinlich viel zu simplen Welt?

"Fressen-und-gefressen-werden!"

Die gesamte uns bekannte Natur, ganz
gleich wie "scheinheilig idyllisch" auch
immer sie von vielen Menschen nur allzu
oft gerne wahrgenommen wird, zeigt uns
doch in Wahrheit bereits den vollen
-sadistischen Umfang- an Grausamkeit
Auf, welchen diese Welt für jedes einzelne
Lebewesen gleichsam zu bieten hat.

Und als würde dies alles nicht bereits schon
längst vollkommen ausreichen, gelang es

uns, dem "Homo sapiens", den bereits
natürlich gegeben Schrecken der Welt sogar
noch einmal um ein vielfaches breitgefächert
anzuheben...

**"Die Königinnen und Könige
des Leids höchstpersönlich!"**

Wir leiden, weil wir (ungewollt?)
buchstäblich in eine unbekannte Welt
-hineingeworfen- wurden, "ohne überhaupt
dabei genau zu wissen, woher wir einst
kamen, wohin wir gehen oder warum wir
da sind..."

Dadurch, das wir anders, als wohl
wahrscheinlich fast alle anderen, uns
bekannten Lebensformen, geistig nicht
nur innerhalb des gegenwärtigen Momentes
existieren, sondern sowohl "in der
Vergangenheit, Gegenwart als auch
Zukunft", sind wir zudem auch noch dazu
verdammt, über alle drei unterschiedliche
Zeitlinien hinweg zugleich Leid empfinden
zu können!

- ***Wir können leiden, indem wir der "Vergangenheit" nachtrauern...!***
- ***Wir leiden aber auch, weil wir mit dem aktuell "gegenwärtigen Moment" unzufrieden sind...!***
- ***Und auch weil wir uns vor unserer eigenen ungewissen "Zukunft" fürchten können leiden wir...!***

Hinzu kommt schließlich noch die bittere "Bewusstwerdung des eigenen irgendwann eintretenden Todes", sowie des Verlustes anderer geliebter Personen, welche uns ebenfalls oftmals leidvoll auf unserem gesamten Weg bis hin zum Schluss begleitet.

Auch hier scheint das Tier im Vergleich zu uns selbst vermutlich wieder im Vorteil zu sein, "wenn man dies in diesem Zusammenhang überhaupt so formulieren mag", da ihm wahrscheinlich jegliche Vorstellung seines eigenen Todes, bis hin zu dessen Tod selbst, als vollkommen unbegreiflich erscheint.

Befinden wir Menschen uns nicht im
Grunde wohl allesamt innerhalb eines
gigantischen "Warteraumes", in welchem
wir gemeinsam, ohne es jemals gewollt zu
haben, auf unseren jeweiligen persönlichen
Tod warten und die Zeit bis zu diesem
Moment, lediglich mit allerlei
"Erfindungsreichtum" versuchen, so gut wie
irgend möglich, **-erträglicher-** zu gestalten?

Ja gut, aber dann nutze doch ganz einfach
deine dir zur Verfügung stehende Zeit bis
dahin so sinnvoll wie irgend möglich,
wo genau liegt jetzt das Problem...?

**Das Problem liegt, meines persönlichen
Erachtens nach, tief innerhalb des
herrschenden Systems selbst verborgen,**
welches mich als vermeintlich freier
Mensch, aufgrund seiner Beschaffenheit,
effektiv davon abhält, auch tatsächlich frei
sein zu dürfen!

Bis auf wenige einzelne Ausnahmen wird
der Hauptanteil unserer Gesellschaft
systematisch, innerhalb eines größtenteils
-geistigen- Gefängnisses, gefangen gehalten,
durch den "Staat", sowie dem
"Arbeitsmarkt" erbarmungslos -ausgebeutet-
und durch illusionärische rein materialistisch
ausgerichtete Wünsche und Träume, solch
gleichermaßen angetrieben, wie sie durch
"Brot und Spiele" bei Laune gehalten
werden.

Der durchschnittliche Deutsche ließ sich
sicherlich wesentlich leichter dressieren, als
so manch ein wildes Tier...!

*1. Sei schön artig und fleißig
in der Schule...*

2. Hinterfrage nichts selbstständig...

*3. Vertraue ausschließlich den
öffentlichen Mainstream-Medien...*

*4. Gehe 45 Jahre lang brav für einen,
in der Regel abstrus, ungerechten Lohn
arbeiten...*

*5. Bezahle stets pünktlich deine
-viel zu hohen- Steuern...*

*6. Finanziere dir ein vorzeigbares (Elektro)
Auto, am besten von "Mercedes Audi oder
BMW"...*

7. Verliebe dich schnell...

8. Heirate noch schneller...

9. Zeuge so früh wie möglich Kinder...

*10. Nimm dir von der Bank einen hohen
Kredit für ein kleines völlig überteuertes*

Häuschen mit Garten, welches du dann dein Leben lang abbezahlen musst...

11. Freue dich auf deinen jährlichen "All Inclusive" Urlaub...

12. Beschwere dich nicht...

13. Trete anderen Personen gegenüber stets so auf, als seist du tatsächlich glücklich...

14. Rede dir selbst schließlich auch noch ein, dass du glücklich seist...

15. Erreiche nach Möglichkeit noch lebend das Rentenalter...

"Das ist der Weg!"

Zwischendurch darfst du selbstverständlich auch noch wild schoppen **(Kredit sei Dank)**, spazieren gehen und dabei ein Eis oder eine Waffel verspeisen. Schick Essen gehen oder Essen bestellen, aber selbstverständlich auch zuhause auf dem Sofa oder wahlweise in einem Kino deiner Wahl einen (sicherlich geistreichen ;) Film anschauen oder mit der

gesamten Familie einen Freizeitpark
aufsuchen.

Für die sportlichen Aktivitäten bliebe dann
schließlich auch noch das obligatorische
Fitnesscenter um die Ecke, dessen Vertrag
man zuvor bereits am **02.01.** abgeschlossen
hatte oder das bekannte Hallenbad gleich
nebenan.

Bei den noch etwas Jüngeren unter uns
beschränkt es sich zumeist auf **Netflix,
Social-Media, zocken, chillen, entspannen,
abhängen, faulenzen, Party machen,
Drogen nehmen, vögeln und saufen!**

Ach ja, fast vergessen... im Winter erwarten
uns ja noch all die spannenden
Weihnachtsmärkte, "Jackpot", endlich mal
wieder Glühwein saufen...

**Und natürlich Fußball,
ja Fußball geht immer ;)**

Was könnte man gegebenenfalls vielleicht besser machen?

Man vergisst viel Leid innerhalb von vierundzwanzig Stunden!

Anstatt noch weiterhin dem "kapitalistischen Materialismus" -vollends zu erliegen-, könnten wir uns auch stattdessen -gemeinschaftlich-, mit nur etwas mehr "Sinn, Verstand und Herz", dazu aufraffen, ein vollkommen überarbeitetes "faireres System" zu konzipieren, welches den allgemeinen Schwerpunkt auf die tatsächlich mögliche **-positive Entwicklung-** "jedes einzelnen Bürgers" innerhalb der Gesellschaft, anstelle der "Kontrollmechanismen und Gewinnmaximierung" priorisiert.

"Wir sind als Menschheit sicherlich noch längst nicht solchermaßen verloren, wie es oftmals auch auf mich den Anschein hat, haben uns jedoch, ohne das die meisten es überhaupt bemerkten, bereits schon wieder

erneut tief hinein in ein dunkles Zeitalter
verirrt...!"

"Das Licht der Menschheit" ist sicherlich
stets seine persönliche Freiheit gewesen,
sich sowohl geistig, als auch körperlich
-positiv- so entfalten, sowie entwickeln zu
dürfen, wie er es für sich selbst als gut und
richtig erachtete, **"solange er dabei
niemand anderen schadet."**

Dieses meiner Meinung nach -jedem
einzelnen Lebewesen- zustehende natürlich
angeborene Recht an persönlicher Freiheit,
muss demzufolge schlussfolgernd von
ausnahmslos allen "üblen Institutionen",
gnadenlos zurückerobert werden, welche
lediglich dazu geschaffen wurden,
**"um wenige einzelne, auf Kosten der
Lebenszeit anderer, minütlich immer
wohlhabender und mächtiger werden
zu lassen...!"**

Ist es denn tatsächlich noch immer zu viel
verlangt, die "moderne Sklaverei an der
Menschheit" samt der Natur, nun endlich
auch einfach mal gut sein zu lassen...?

Woher kommt diese grenzenlose Gier und
anscheinend tief würdelose Verachtung der
einfachen Bevölkerung gegenüber, kann
man es uns denn nicht auch einfach gestatten
ein Stück weit mehr zu leben...?

Von mir aus sollen all die Reichen auch
zukünftig noch weiterhin am
Wohlhabendsten bleiben, allerdings nur
dann, wenn parallel als Bedingung daran
geknüpft, -konsequent- darauf Acht gegeben
werden muss, **"das es dem restlichen
Anteil der Gemeinschaft (Gesellschaft)
dabei, zumindest zeitgleich, ebenfalls
recht gut ergeht!"**

"Himmel, Arsch und Zwirn",
das wird ja wohl noch möglich sein...

Möglichst schnell erreichen kann man
dies wohl noch am ehesten
"durch eine grundsätzlich fairere Entlohnung
bzw. Verringerung der Steuern und
allgemeinen Fixkosten, gekoppelt an einem
deutlich geringeren, sowie flexibleren
monatlichen Stundenpensum",
oder aber alternativ mit der zuvor gut
durchdachten Einführung eines

-bedingungslosen- "Grundeinkommens"
in sinnvoller Höhe von aktuell (2022)
schätzungsweise 1300 bis 1500 Euro.

Hohe Steuern, wie sie sicherlich nicht nur
ausschließlich bei uns in Deutschland der
Fall sind, haben stets nur dann eine
tatsächliche Daseinsberechtigung, wenn es
der allgemeinen Bevölkerung durchweg
solchermaßen gut zu gehen scheint, das sie
trotz dieser hohen Abgaben auch noch
weiterhin problemlos ein **würdevolles
Leben** führen können und der Staat das
so eingenommen Vermögen, -zu jeder Zeit-
"nach bestem Wissen und Gewissen, logisch
sinnvoll" ausschließlich dazu verwendet,
-das Gemeinwohl aller- signifikant
<u>zu verbessern.</u>

Achtung "kleiner Spoiler": Bei uns
innerhalb Deutschlands ist keines von
beidem gegeben...;)

Auch jedes einzelne Unternehmen, dessen
Firmenphilosophie hauptsächlich darauf
beruht, "ihre Gewinnspanne ausbeuterisch
auf Kosten anderer Menschen, Tiere oder
der Natur zu generieren" und außer

-des eigenen konstanten Wachstums-,
keinerlei weitere tatsächlich sinnvollen
Ambitionen zur generellen Verbesserung
des Daseins innerhalb der Welt beitragen
kann oder möchte, sollte schnellstmöglich
einer strengen Wandlung vollzogen werden.

Es geht jedoch leider nur selten um einen
tatsächlichen Gewinn an Menschlichkeit,
sondern stets nur um den absolut
priorisierten Gewinn des Geldes, bedrucktes
Papier, welches schon lange der wahre Gott
unserer Zeit darzustellen scheint...,

ein fatal schlimmer Fehler!

Ich sage, lasset die Menschen endlich leben,
kommt herunter von eurem allzu hohen Ross
und schaut in die leidvoll geplagten
verzweifelten Gesichter eurer Brüder und
Schwestern, sollen sie wahrhaftig auch noch
weiterhin so sehr leiden, das sie bereits
schon ihr Leiden leugnen müssen, um ihr
Leid zu ertragen, nur damit ihr auch noch
weiterhin euer völlig überzogenes Leben in
Saus und Braus führen könnt?

Doch der wohl größte, aller
schlussendlichen Fehler der Menschheit
liegt wohl darin verborgen, die Hoffnung der
eigenen Rettung in die kalten Hände ihrer
Peiniger zu legen...

**Freiheit steigt nicht zu einem
Volk herab; ein Volk muss sich
zur Freiheit erheben.**
(Grabinschrift) Emma Goldman

Schlusswort

Solange wir uns vor dem innerhalb dieser Welt anherrschenden Leid auch weiterhin mehrheitlich verschließen, werden wir selbiges noch nicht einmal im Ansatz jemals tatsächlich wandeln können!

Wir dürfen uns daher also nicht noch länger weiter selber täuschen oder gar täuschen lassen und müssen lernen, "als geschlossen zusammenhaltende, selbstbewusste, aufgeklärte Menschheit," -gemeinschaftlich- gegen alles und jeden unaufhaltsam vorzugehen, welcher es auch nur im Ansatz wagt, uns oder die Natur "alleinig für seine rein persönlichen -egoistischen Zwecke- gewaltsam unterwerfen zu wollen!"

Das erfolgreiche Gelingen dieses Unterfangens hängt sicherlich, wie bereits zu allen Zeiten zuvor auch schon, von "dem Mut, dem Willen und der Standhaftigkeit" eines jeden einzelnen von uns ab sich der - Ungerechtigkeit- und dem daraus resultierenden Leiden "aus reinster

Überzeugung und Nächstenliebe
entgegenzustellen!"

Der anhaltende Schmerz innerhalb dieser
Welt muss dazu allerdings zuvor auch erst
einmal folglich, von all den zahlreichen,
der wahren Natur der Dinge nur spürbar
mühselig begreiflich werdenden Menschen,
als solche überhaupt erkannt werden
können...!

Erst, wenn schließlich auch die letzten aller
Tölpel endlich doch noch begriffen haben,
das es überhaupt nichts tatsächlich nützt,
sich sein persönliches Dasein oder das seiner
Mitmenschen innerhalb dieser "dem freien
Leben des einzelnen feindlich eingestellten
Umgebung", lediglich zwanghaft selbst
schön zu reden, lassen sich die langjährig
angehäuften konsequenzreichen
Auswirkungen dieser, bisherig größtenteils
gelebten Verfahrensweise, zwar langsam,
aber stetig in eine positive Form
umwandeln!

**"Wer nie gelitten hat, ist kein Wesen,
höchstens ein Individuum..."**

„**Leiden macht dumme Menschen
böse und intelligente Weise.**"
-Werner Braun (1951 - 2006), deutscher
Aphoristiker

Weitere Bücher des Autors

Biografie:
Mein Weg als einfacher Wachmann hin zur Philosophie

„Memoiren eines produktiven Geistes..." (2021)

BEST OF COLLECTION:
-Gedankarium-
„Auserlesenes Gedankengut"
10in1 Kollektion (2022)

System / Gesellschaftskritik:

- *Du bist nicht Du, wenn du wohlerzogen bist! „Eine strikte Aufforderung dazu Du Selbst zu sein." (2022)*
- *Freigeist: Meinung frei schnauze (2021)*
- *Dystopie / Utopie: Schlimmer geht's immer, besser wird's nie! (2020)*
- *Demokratie? Eine Einführung der unterschiedlichen Herrschaftsvariationen (2021)*
- *Die 4 Säulen des Scheiterns (2019)*
- *SklavenLEBEN (2020)*
- *Eine Kritik des modernen Menschen (2020)*

- *Equilibrium: Das neue
  Gleichgewicht (2021)*

Verschwörungstheorien:

- *Was wäre gewesen wenn...?
  Weltgeschichtliche Ereignisse
  neu interpretiert (2021)*
- *Verschwörungen:
  Fiktion oder Wirklichkeit? (2020)*
- *Reset: Der Anfang einer
  Neuen Welt (2018)*

Verschwörungen für Anfänger:
1. *Die COVID-19 Diktatur (2021)*
2. *Die BRD Verschwörung (2020)*
3. *Die Rothschild & Bilderberger
   Verschwörung (2in1 Edition) (2020)*
4. *Die Rothschild Bilderberger
   Verschwörung -New Edition 2022-*

Philosophie:

Philosophie für Anfänger: Band 1-4
1. *Du bist Gott! (2020)*
2. *Die Wahrnehmung der Welt
   (2020)*
3. *Freiheit vom Leid (2020)*
4. *Die hartnäckige Illusion
   des ICH'S (2020)*

- *Verbum et Scriptura
  -Das Wort und die Schrift- (2022)*

- *Das Handbuch der Welt:*
  -New Edition (Sonderedition 2021)
- *Das Handbuch der Welt (2019)*

- *Die Datenwelt Theorie (2015)*
- *Die Datenwelt Theorie 2.0*
  (New Edition 2019)

- *Sudelbuch: Philosophische Notizen*
  mit Biss...! (2021)

- *Arthur Schopenhauer:*
  Eine "kleine" Einführung (2019)

- *Die höhere Erkenntnis:*
  -New Edition (Sonderedition 2021)
- *Die höhere Erkenntnis:*
  Ein Weg zum besseren Verständnis
  der Welt (2014)

- *Eine kurze Zusammenfassung*
  des Ganzen (2014)
- *Eine kurze Zusammenfassung des*
  Ganzen & Die höhere Erkenntnis:
  (2in1 Sonderedition 2015)

Notizen

**Bedauernswert ist das Volk, dessen
Staatsmann ein Fuchs ist, dessen
Philosoph ein Schwindler und
dessen Kunst aus Nachahmung
bestehen.**
Khalil -Gibran